Anna Blume

Der Kuss des Mondes

AF221275

33 GEDICHTE

Anna Blume

Der Kuss des Mondes

33 Gedichte

Graphik und Satz: Blue Moon Design
Umschlagbild: © 2022 Anna Blume

Herstellung und Verlag: BoD – Books on Demand, Norderstedt

Bibliographische Information der Deutschen Nationalbibliothek:
Die Deutsche Nationalbibliothek verzeichnet diese Publikation in der Deutschen Nationalbibliographie; detaillierte bibliographische Daten sind im Internet über http://dnb.dnb.de abrufbar.

ISBN: 9783755786184

Für Moritz

(...)
Obgleich uns viel genommen, bleibet viel,
Und wenn die Stärke alter Tage auch
Uns fehlt, die Erd' und Himmel einst bewegt':
Wir sind, und was wir sind, hat Heldenblut;
Gebeugt von Zeit und Los, doch willensstark,
Zu streben, suchen, finden — weichen nie.

Alfred Lord Tennyson, Odysseus

Sommerwiese

Hoch stehen die Gräser,
und bunte Blüten sprenkeln das Grün.
Ich laufe barfuß und spüre und sehe
eine Fülle von Leben, Heu und Getier.

Und ich wünsch' mir,
diesen Moment für ewig —
und mich ewig hier.

Aufbruch

In aller Früh
bin ich aufgestanden.

Die Welt liegt noch still,
selbst die Vögel ruhen noch.

Es schlafen die Menschen,
und kein Wind geht durch die Bäume.

Es ist alles gepackt, der Wagen bereit —
nur die Sonne ist noch fern.

Ein süßes Sehnen macht mich wach
wie sonst nur ein starker Kaffee.

Und ich weiß, gleich geht sie los:
meine Reise an die See durch die schwindende Nacht.

Venedig

Über Brücken und in Kirchen,
unter Steinbögen und auf Kähnen,
im Antlitz steinerner Zeugen:

Überall bist du, Erstaunliche,
ohne Wasser und trocken,
du Wunder mitten im Meer.

Ein Rat in tiefer Not

Steh auf, mein Kind,
nimm dich selbst an der Hand,
du hast dir verdient,
dass du selbst dir jetzt hilfst.

Kein anderer kennt
dich doch so genau,
kein anderer kann
dich so lieben.

Bernstein

Eingeschlossen
in einem goldenen Zeitalter
bewahrst du Wesen auf,
die bessere Tage gesehen haben.

Sie gemahnen uns
in ihrer Bewegungslosigkeit daran,
nicht zu versteinern,
solange wir leben.

Großmutter

Als du noch lebtest,
dachte ich,
keine Macht der Welt
könnte mich zerstören.

Nun bist du nicht mehr da,
und ich weiß:

Auch ich bin sterblich,
und dagegen gibt es
keine Macht der Welt.

Beschirmt

Regen spannt sich aus
über den Dächern der Stadt;
ein graues Laken ist er
über einem stummen Bett.

Ich bin früh erwacht,
habe das Licht gesucht
und nur Wasser gefunden.

Nun gehe ich hinaus:
hinaus in die rauschende Luft,
die satt getrunkenen Stunden.

Und mein Schirm spannt sich aus
in den Fluten von Nass,
ein helles Leuchten ist er
in einem Meer von Regen.

Zwischen den Jahren

Das, was hinter dir liegt,
ist das, was du vergessen sollst:

Denn nur so kann das Neue
Platz finden in dir.

Natürlich klammert das Alte,
Erinnerungen drängen empor.

Manchmal sogar fällt lang
Vergangenes heftig dich an.

Das halte aus und wende dich um,
es ist diese Zeit der zwei Gesichter:

Und eines davon
blickt nach vorn.

An meinen Basset

Wenn du mich
anblickst
mit deinen
weisen alten Augen,
weiß ich, dass
ich immer schon
geliebt bin
und in dir immer
Heimat habe.

Danke dir, mein
treuer Freund.

Frohe Fahrt

Ein heiterer Tag
ist es heute auf See:
Das Wasser gluckert
verheißungsvoll an der Bordwand,
die Segel knattern im Wind,
steif ist die Brise und
die Sonne brennt.

Halt suche ich an der Reling,
wenn du wendest unser Boot,
neu in den Wind stellst,
was uns so sicher
über die Wellen
geleitet.

Sturmvögel
begleiten unsere Fahrt:
Sie sind uns treue Lotsen
und führen unser Schiff
in ferne glückliche Länder
jenseits des Horizonts.

Lang vergangene Tage

Wie waren wir doch glücklich: damals.
Wie Kinder waren wir, denn ja, das waren wir: Kinder.

Wir spielten in Wäldern voller Geheimnisse,
wir schwammen in Teichen voll schimmernder Fische.

Sonntags radelten wir übers Land und suchten
uns neue Abenteuer, weit weg von daheim.

Und heute? Es scheint, wir haben vergessen,
wie es war, voller Lebensdrang und wie Kinder zu sein.

Wir schauen versonnen zurück
und sehen nur lang vergangene Tage.

Kommt, lasst uns doch einfach hinausgehen
und endlich wieder Abenteurer sein!

Du, mein Leben

Das, was ich geliebt habe von Anbeginn:
du, mein Leben, mein Glück eines jeden Tags —

Ich will dich lieben, Leben, und dich ehren,
so, wie du mich von Anfang an geehrt und geliebt hast.

Schwalben

Den Sommer
kündigt ihr an,
ihr Freibeuter der Lüfte,
beständig ziseliert ihr
eine Jagd in den Himmel,
eine fröhliche Hatz,
die zugleich ein Tanz ist
und ein Fest und
eine Verheißung.

Stiller Abend

Golden liegt der Glanz
der letzten Sonne über dem Park.

Das Schloss in der Ferne
ragt wie eine Fata Morgana aus dem Dunst.

Es ist heiß wie kaum jemals
in diesen letzten Tage des Augusts.

Vögel netzen ihre erhitzten Leiber
in den Fontainen und werfen ein Glitzern in die Luft.

Von ferne läuten Kirchenglocken
ihren Frieden über das Land.

Später heben die Grillen an
zu einer letzten Serenade.

Beim Betrachten einer Biene

Wie schön du bist
und wie sinnvoll dein Tun.

Du umkreist die Blüten
und sammelst Himmelssüße daraus.

Und des Abends fliegst du
zufrieden wieder nach Haus.

Der Kuss des Mondes

Heute Nacht hat er mich geweckt,
der Kuss des Mondes,
dieses alten Gesellen Liebkosung
hat mich aus dem Traum geschreckt
und mir etwas Neues gezeigt:
eine andere Welt,
getaucht in Silber und Licht
mit tanzenden Wesen und leiser Musik.

Ich habe gestaunt wie ein Kind,
gehört auf die süßen Melodien
und der Glühwürmchen Tanz belacht.

Nach einer langen mondschönen Nacht
bin ich dann am Morgen
zutiefst beglückt
aus meinem silbernen Traum
wieder ins Leben zurück
aufgewacht.

Blick ins Tal

Hier stehe ich und sehe hinab ins Tal.

Hinter meinem Rücken reicht der Gipfel
bis hoch in die Wolken hinauf.

Und vor mir öffnet sich der Raum
wie ein unendliches Meer von klarer Luft.

Ich atme diese unfassliche Weite vorsichtig ein
und werde ein Teil von ihr: mit jedem Atemzug mehr.

Über mir schreit eine Dohle
und schraubt sich hinauf in das Blau.

Unter mir liegt die Welt.

Frühlingserwachen

Wie versteinert
habe ich mich gefühlt
über all die vergangene Zeit.

Aber heute in der Frühe
hörte ich wie zum ersten Mal
das betörende Flöten einer Amsel.

Ich trat ans Fenster,
öffnete es weit
und sah hinaus.

Die Sonne küsste mich
und den singenden Vogel —
und mit einem Mal war alles wieder gut.

Erinnerung

Wie wir damals
in die Wälder gingen:
in die Pilze, wie wir sagten,
oder nach Beeren zu suchen im Sommer.

Schwer lag der Duft
von Nadeln und Holz in der Luft,
und die Sonne malte
lichte Flecken in den dunklen Tann.

Einmal schnitztest du
uns Pfeil und Bogen
aus Erlenzweigen je zwei.

Und plötzlich waren wir Indianer:
Wir erlegten den Feind
und lebten glücklich einen Sommer lang.

Glückliche Niederlage

Besiegt hast du mich.

Und ich dachte doch,
ich wäre allein
in meinem Kampf
gegen die Welt.

Aber dann kamst du
und strahltest mich an
und nahmst mich ein
wie eine Festung.

Nun bestehen wir zu zweit:
unerschrocken.

Besiegt, aber beglückt.

Adria

Heiter blitzt
eine Gelassenheit
aus dem Gesicht
der Signora.

Ihre kleine Pension
liegt direkt am Meer.

Es riecht nach Pinien,
und die Hitze
bleicht die Planken des Stegs
zur Lagune hin aus.

Abends essen wir Pasta
mit kleinen Muscheln.

Die Sterne blicken gnädig
auf uns herab.

Geheimnisträger

Unten war's,
dass wir spielten,
unten im Keller,
hinter den Konserven,
Klamotten, alten Kladden,
Kommödchen.

Dort wartete
stets ein Wunderland
auf uns und
eine Welt,
in der gab es
noch Drachen.

Bis zur Endstation

Das habe ich
immer schon gerne
gemacht: Wenn die eigene
Haltestelle kommt,
einfach sitzen bleiben
im Bus und die
weiteren Haltestellen
vorüberziehen lassen,
neue Welten kennenlernen
und femde Heimaten
von Menschen,
die einer nach dem
anderen aussteigen,
bis da am Ende nur mehr
ich bin und dem
Busfahrer sage, dass ich
nach der Endstation
noch eine Runde
mit ihm fahre.

Verflossene Freundschaft

Ich erinnere mich,
wenn auch dunkel,
an dich, wie du warst
vor uralten Zeiten.

Du kamst auf mich zu,
als ich einsamer war
als jemals zuvor
im Leben.

Du blicktest mich damals
erst einfach nur an
und ich wusste,
du trautest mir.

Heute sehe ich
durch die Zeiten zurück
und erkenne dich
schemenhaft nur.

Aber ich weiß:
Wo auch immer du bist,
du traust mir,
und ich traue dir.

Ausblick

Ausgerechnet am Neujahrsmorgen
erwache ich nüchtern
und stelle fest:
Dieser Morgen ist
doch anders als
alle die anderen
im Jahr zuvor.

Ich will nicht zurückgehen
heute,
nichts anders machen,
nur schauen
und einfach
das neue Jahr
bestaunen.

Nachmittag

In die Stille des Nachmittags
ragt meine
Langeweile: Sie ist
eine Leine, an der
meine sonstigen
Tätigkeiten hängen
wie frisch gewaschene
Laken, sie warten
auf neue Nächte
wie ich auf neue Tage
voller Träume.

Im späten Herbst

Wenn es Zeit wird,
sich abends zurückzuziehen
in die Wärme der Stube,
an den heimischen Herd,
dann gehe ich tagsüber
umso lieber hinaus
in die Wiesen und Wälder
und suche das Grau,
das sich zwischen
den Farben vermehrt:
es ruft den Winter heraus.

Am Abend

Ach, wie mühselig war der Tag,
und wie sehne ich mich nach Rast.

Am Morgen noch war ich stark
und hätte Bäume ausreißen können.

Am Mittag dann war ich müde,
lag unter einer Linde, nach dem Essen, und schlief.

Am Nachmittag war ich wieder voller Leben,
und wieder war ich am Werk und mühte mich ab.

Nun ist es Abend, nach einem langen Tag,
und ich begrüße freudig die Nacht.

So sei dein Leben: rege und müßig zugleich —
und zuletzt zufrieden, wenn er kommt: der ewige Schlaf.

Siesta

Sonnenflecken
tanzen hinter
meinen geschlossenen
Lidern: sie sind
roter Rosen Blätter,
sie taumeln vor
meinem inneren Auge
und laden mich ein,
meine Tiefe zu öffnen —
das Licht zu sehen.

Peterle

Du warst
mein Freund, lange
bevor ich wusste,
was dies Wort bedeutet.

An deinem Fell
trocknete ich
manche Träne.

Wenn ich dich
ansah, wusste ich
mit einem Mal
um mich selbst.

So blieb es
bis zu deinem Tod.

Heute sehe ich dich
aus der Ferne,
wenn ich die Augen
schließe.

Vergänglichkeit

Manchmal
greift es mich an
und tief in mir
bricht etwas auf,
eine Knospe, rot
von Schmerz und
Ahnung von Tod

Doch in der Blüte
Mitte sitzt eine Perle
weiß wie Schnee:

Die heißt Mut.

Was ich gern hab

Im Sommer sehr früh
aufstehen und der Sonne zuvorkommen.

Einen Haufen Kram
durchschauen im Winter
auf dem Dachboden.

Und dann später
in der warmen Stube
besondere Fundstücke begutachten.

Im Frühjahr
auf die veränderten
Geräusche lauschen.

Lange Spaziergänge
bei Wind und Wetter
im Herbst.

Sonntag

Ein langer, goldner Nachmittag:
Die Sonne flirrt. Die Grillen sirren.
Der Garten liegt in mildem Schein.

Ganz hinten bei der Laube
in einer grünen kühlen Höhle
sitzt mein Schatz und liest ein Buch.

Ich liege auf der Wiese und
ich werde eins mit Gras, mit Licht, mit Sang
und denke nichts und werde alles:

Sonne, Grille, milder Schein.

Inhalt